Astrid Aurich

Schmuck, Accessoires und Dekoratives

aus Fimo modelliert

Inhalt

Vorwort	3	Idyllische Motive	12
Material und Zubehör	4	Häusliche Motive	16
Mischen der Farben	5	Fertigen von Wandtellern	20
Marmorieren	5	Mit Spiegeln gestalten	24
Modellieren	6	Schmuck und Zubehör	26
Arbeiten mit einbezogenem Rahmen	8	Verschiedene Accessoires	27
Härten	9	Ketten	28
Lack und Bronze	9	Broschen	30
Einfache Motive	10	Gürtelschnallen	32

Foto Seite 1:
Wandteller mit Rosen

Im Falken-Verlag sind zum Thema Modellieren zahlreiche Bücher erschienen.
Hier eine kleine Auswahl:
Schöne Sachen modellieren (Nr. 0762)
Formen gießen und bemalen (Nr. 0639)
Gestalten mit Salzteig (Nr. 0613)

CIP-Kurztitelaufnahme der Deutschen Bibliothek

Aurich, Astrid:
Schmuck, Accessoires und Dekoratives aus Fimo modelliert/Astrid Aurich. – Niedernhausen/Ts.: Falken-Verlag, 1987.
(Falken-Bücherei)
ISBN 3-8068-0873-2

ISBN 3 8068 0873 2

© 1987 by Falken-Verlag GmbH, 6272 Niedernhausen/Ts.
Titelbild und Fotos: Photo-Design-Studio Gerhard Burock, Wiesbaden-Naurod
Die Ratschläge in diesem Buch sind von Autor und Verlag sorgfältig erwogen und geprüft, dennoch kann eine Garantie nicht übernommen werden. Eine Haftung des Autors bzw. des Verlages und seiner Beauftragten für Personen-, Sach- und Vermögensschäden ist ausgeschlossen.
Satz: LibroSatz, Kriftel bei Frankfurt
Druck: Offset Team Zumbrink, Bad Salzuflen

817 2635 4453 6271

Vorwort

Um meine Freizeit sinnvoll zu gestalten, beschäftigte ich mich lange Zeit mit Salzteig. Da ich aber gerne im Detail arbeite und dies mit Salzteig nicht möglich war, suchte ich nach einer alternativen Modelliermasse. Die vorgestellten Arbeiten habe ich aus Fimo modelliert.

Für diese Art der Freizeitbeschäftigung müssen Sie kein großes künstlerisches Talent besitzen. Wichtig sind Kreativität und Phantasie, Geduld zum Kneten und die Freude, mit selbstgefertigten Dingen das Heim zu verschönern oder kleine persönliche Geschenke zu machen.

Dieses Buch habe ich geschrieben, um Ihnen den Anfang beim Modellieren zu erleichtern. Die wichtigsten Arbeitsschritte werden anhand von Bildern ausführlich beschrieben.

Die im Galerieteil abgebildeten Dinge werden dagegen nicht bis ins Detail erläutert; sie sollen vielmehr auf Ihre Kreativität einwirken und Sie auf neue Ideen bringen. Noch ein Hinweis: nicht gleich sagen: „Das kann ich nicht!" Probieren Sie zuerst einmal einfache Grundformen, und Sie werden feststellen, daß es sehr einfach ist. Viel Spaß.

Astrid Aurich

Füllhorn

Material und Zubehör

Das Material ist eine knetgummiähnliche Modelliermasse, die im Backofen gehärtet werden muß.

Sie erhalten Fimo in etwa 30 Farbtönen, die aber durchaus noch untereinander zu weiteren Farbnuancen vermischt werden können.

Vor dem Modellieren wird die Masse in kleine Stücke geschnitten und geknetet. Durch die Handwärme wird das Fimo schnell weich und damit formbar. Einmal geknetet, können Sie die Masse in verschlossenen Blech- oder Plastikdosen zur späteren Verwendung längere Zeit aufbewahren.

Schmucksteinimitate in verschiedenen Farben und Größen erhalten Sie in den Bastelgeschäften.

Die Broschen- und Kettenrohlinge, die für Seidenmalerei hergestellt werden, eignen sich ebenso für Fimoarbeiten.

Das gezeigte Schmuckzubehör ist in einschlägigen Bastelläden und den Hobby- und Stoffabteilungen der Warenhäuser erhältlich.

Für die Gold- und Silberfärbung der Schmuckstücke benötigen Sie Bronzepulver oder -creme. Weitere Informationen finden Sie unter dem Stichwort „Lack und Bronze".

Die Arbeitsfläche sollte eine glatte Oberfläche haben. Geeignet sind z. B.: ein mit Kunststoff beschichtetes Frühstücksbrettchen, eine Glasscheibe oder die Resopaltischplatte. Zum Ausrollen der Modelliermasse genügt eine glatte Flasche oder ein mit Teflon beschichtetes Wellholz.

Die übrigen Werkzeuge befinden sich meist in jedem Haushalt, denn Schaschlikspieß und Nagelbesteck sind gute Modellierhilfen. Dazukaufen können Sie Holzmodellierlöffel und ein Farbenmesser für Maler, das sich aufgrund seiner extrem dünnen Klinge hervorragend zum Abheben von dünn ausgewellten Platten eignet. Strukturieren kann man mit Strohhalmen, Zahnbürste, Kaffeesieb, Gabel, Spritzbeuteltüllen, Schaschlikspieß oder einer Nähnadel.

Mischen der Farben   Marmorieren

Theoretisch kann man jede Farbe, die in den Geschäften erhältlich ist, mit anderen Farbtönen vermischen. Nur sind nicht alle Farbnuancen für die Gestaltung eines Bildes zu verwenden. Es ist ratsam, immer wieder zu experimentieren.

Wenn man mit Mischungen experimentiert, so ist es ratsam, die Menge der benötigten Farben in Teilen aufzuschreiben. Hier einige Beispiele:

Dunkelviolett 2 Teile Marine, 1 Teil Rot
Orange   5 Teile Gelb, 1 Teil Rot,
              1 Teil Weiß
Türkis   6 Teile Weiß, 1 Teil Marine,
              1 Teil Grün
Lachs   6 Teile Weiß, 1 Teil Gelb,
              1 Teil Rot

Um vorhandene Farben nicht zu grell erscheinen zu lassen, töne ich sie mit Weiß oder Transparent ab. Ich habe die Erfahrung gemacht, daß Transparent sehr klebrig ist. Wird es breitflächig ausgerollt, so löst es sich schlecht von der Unterlage. Ich verwende zum Aufhellen 3/4 Porzellan und 1/4 Transparent.

Soll die Farbe dunkler erscheinen, so kann sie mit Schwarz abgetönt werden.

Um eine schöne Marmorierung zu erzielen, werden zuerst die einzelnen Farben weich geknetet.

Nun legt man 2–3 Farbstränge nebeneinander und dreht beziehungsweise verschlingt sie immer wieder miteinander wie eine Kordel.

Wenn man glaubt, die richtige Maserung erreicht zu haben, formt man die Modelliermasse zu einer Kugel und rollt sie – etwa für eine Bilderrückwand – aus. Ist das Ergebnis nicht zufriedenstellend, wird der Drehvorgang wiederholt.

Die Rückwände der Blumenbilder auf Seite 11 wurden mit 5 Teilen Caramel und 2 Teilen Terracotta beziehungsweise ebensoviel Caramel und Rotbraun verknetet.

Rot und Weiß sowie Marine und Weiß zusammengedreht, ergibt ideale Farben für Bänder und Schleifen.

Durch das Verkneten von 5 Teilen Weiß, 1 Teil Schwarz und 1 Teil Grau erzielt man eine Steinmarmorierung. Wenn Sie diese Masse dann zu kleinen Klümpchen formen und mit der Zahnbürste strukturieren, ist das Ergebnis von echten Steinen kaum zu unterscheiden.

Modellieren

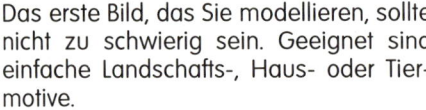

Das erste Bild, das Sie modellieren, sollte nicht zu schwierig sein. Geeignet sind einfache Landschafts-, Haus- oder Tiermotive.

Den Untergrund, der gleichzeitig Hintergrund ist, modelliert man immer auf die mit Alufolie umwickelte Glasscheibe des Bildes. Bei vielen Objekten habe ich den Hintergrund mit einer Zahnbürste strukturiert.

Auch für das Bild „Eule im Winter" wird zuerst der Hintergrund geknetet.

Für den Himmel Marine und Weiß mischen, ausrollen und auf die Glasscheibe des Rahmens legen. Die Wolken aus Transparent formen. Den Mond aus etwas Gelb mit Transparent kneten und vorsichtig hauchzart und gleichmäßig ausrollen. Nun die Teile auf den Himmel legen und nochmals leicht überrollen.

Den dicken Ast aus den Farben Terracotta, Oliv, Caramel und etwas Schwarz verkneten. Nach dem Formen auf eine Grund-

platte legen und mit einem Stäbchen auf-
rauhen. Die kleinen Äste separat formen.
Ein Ende schräg anschneiden, an den
Hauptast andrücken und verstreichen.
Auch hier wird die Astoberfläche aufgerauht. Aus Weiß und Zartblau mischt man
den Schnee, legt ihn auf die Äste und
strukturiert ihn mit einer festen Zahnbürste.
Die Eule wird aus Caramel, Champagner,
etwas Dunkelbraun und ein wenig Weiß
marmoriert geknetet. Sie besteht aus
einem länglichen Oval für den Körper,
einer flachgedrückten Halbkugel für den
Kopf und zwei angesetzten langen, flachgedrückten Tropfen als Flügel. Strukturiert
wird sie mit einem Stäbchen oder Model-
lierlöffel. Die Augen bestehen aus drei
immer kleiner werdenden Kreisflächen in
den Farben Gelb, Schwarz und Weiß.

Man kann viele Verzierungen formen, die
meistens aus verschieden großen Kugeln
geknetet und zu länglichen, Tropfenfor-
men ausmodelliert werden.
So auch das Motiv der Rose, das in meinen
Arbeiten in vielen Variationen erscheint.
Sie zu modellieren ist nicht schwer.
Für die Blätter benötigt man flachgedrückte Tropfen, in die feine Blattlinien und die
seitlichen Kerben mit einem Schaschlikspieß eingedrückt werden.
Die Blüte wird ebenfalls aus Kugeln geformt. Für die Blütenmitte einen Kegel aus
einem Oval (flachgedrückte Kugel) rollen.
Hiernach die Blütenblätter versetzt an den
Kegel drücken. Sobald die Rose die gewünschte Größe erreicht hat, wird die
untere Kegelspitze abgeschnitten.
Mit dem Schaschlikspieß wird in den Kegel gestochen und somit die Rose fest auf
den Untergrund angedrückt.

Arbeiten mit einbezogenem Rahmen

Damit das Bild noch plastischer erscheint, können einige Details des Motivs auch auf den Rahmen modelliert werden. Man sollte aber nur einen Holzrahmen verwenden. Wie bei jedem Bild wird zuerst die Glasscheibe in Alufolie gewickelt. Hierauf nun den Untergrund walzen und alles in den Holzrahmen einpassen.

Während des Modellierens auf dem Rahmen die Motive gut festdrücken. Im Zweifelsfalle kleben Sie die Teile mit Klebstoff fest.

Bevor das Bild in den Ofen kommt, umwickeln Sie den Rahmen (senkrecht und waagrecht) mit einem dickeren Faden, damit sich nicht der Leim in den Gehrungen löst und der Rahmen auseinanderfällt.

Nachdem das Bild gehärtet und abgekühlt ist, lösen Sie vorsichtig die Glasscheibe mit der Alufolie.

Das Motiv beziehungsweise die Motivplatte verbleibt in dem Rahmen.

Die Bildrückwand bildet ein in Rahmengröße geschnittenes Stück Pappe, das nach dem Einsetzen mit einem Klebeband am Rahmen befestigt wird.

Härten

Für das Härten im Backofen heißt die Grundregel: 100 bis 130°C dürfen nicht überschritten werden. Bei höherer Temperatur fängt die Modelliermasse übelriechend an zu qualmen und wird braun, vor allem die Farben Porzellan und Transparent.

Alle Objekte werden mit dem jeweiligen Untergrund (Glas, Porzellan, Spiegelglas und Metallwannen) in den Backofen geschoben. Je nach der Stärke des modellierten Teils beträgt die „Backzeit" 20 Minuten. Nach der Backzeit wird alles, außer den Spiegeln, zum Auskühlen herausgenommen. Spiegel platzen bei extremen Temperaturschwankungen leicht und müssen im Backofen abkühlen.

Im Gasofen wird das Härten problematisch, da die Hitze nicht so gut regulierbar ist. Wenn Sie Zweifel haben, wickeln Sie das zu härtende Teil in Alufolie und brennen es auf der kleinsten Stufe.

Lassen Sie Ihre Kunstwerke immer gut auskühlen, damit auch die kleinsten Verzierungen nicht abbrechen.

Nach dem Erkalten kann das Bild mit Hilfe des Farbenmessers leicht von der Glasscheibe gelöst und in den Bilderrahmen gefügt werden.

Lack und Bronze

Lackieren oder nicht, das ist die Frage! Manches sieht unlackiert besser aus, da die Feinheiten nicht verklebt sind.

Das Objekt wird immer nach dem Härten lackiert. Hierzu bietet der Hersteller der Modelliermasse Matt- und Glanzlack sowie Gold- und Silberbronze in Pulverform an. Auch verschiedene Farbenhersteller bieten Bronzepulver sowie Wischmetall in verschiedenen Farbnuancen an. Das Bronzepulver wird (hauptsächlich bei Kettenanhängern und Broschen) mit einem weichen Pinsel auf das nicht gebrannte Teil aufgetragen und mit eingebrannt.

Nach dem Härten und Auskühlen wird die Bronze mit Matt- oder Glanzlack fixiert.

Sollen aber nur hier und da „Glanzlichter" aufgetragen werden, dann ist flüssige Bronze zweckmäßiger.

Außer mit Bronze kann man auch mit Wischgold und mit Silber-Wischmetall Schmuck herstellen, der „antik" aussieht. Bei Goldpatina muß das Schmuckstück aus dunkelbrauner und bei Silber aus schwarzer Modelliermasse hergestellt werden. Nach dem Härten wird dann die gewünschte Wischfarbe mit einem weichen Tuch aufgetragen. Da die Wischfarbe nur die erhöhten Partien erreicht und die unteren dunkel durchschimmern, sehen die Schmuckstücke fast echt aus.

Auch mit Metalliclack kann man eine sehr schöne Wirkung erzielen. Dieser Lack wird ebenfalls nach dem Härten aufgetragen.

Einfache Motive

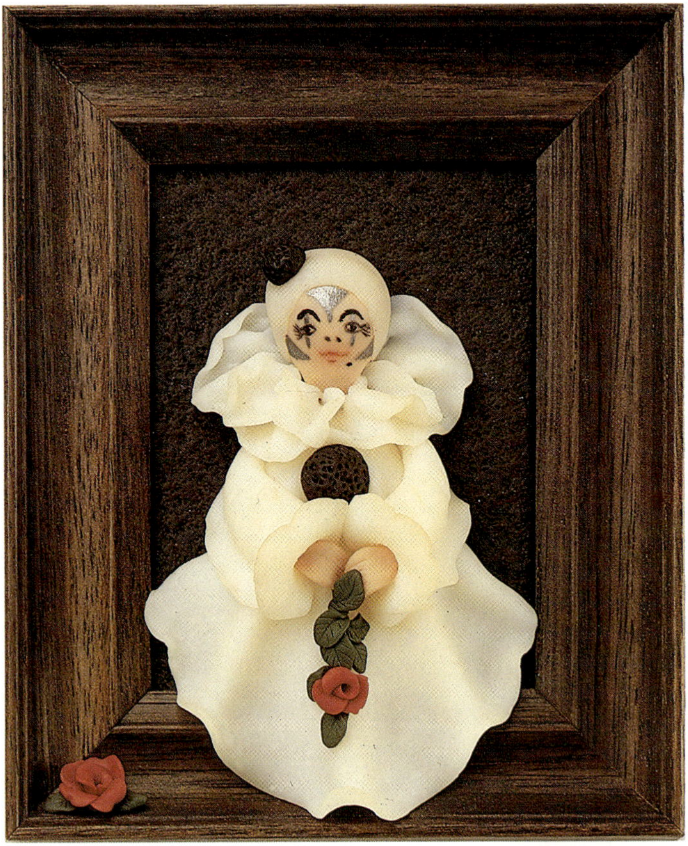

Pierrot mit Rose

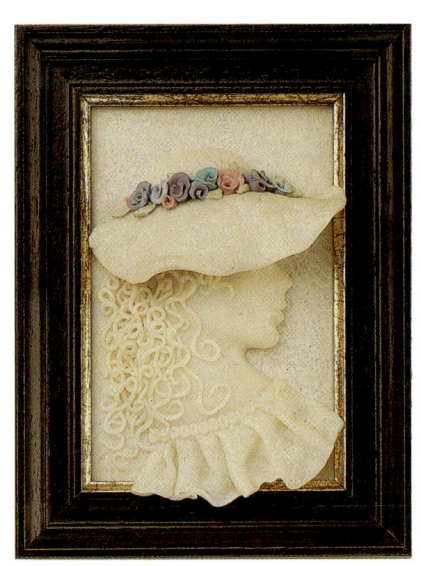

Dame mit Hut

Anthuriengesteck

Blumenarrangement in Rosa

11

Idyllische Motive

Die Motive werden alle auf einen strukturierten Porzellanuntergrund gearbeitet.

Die Köpfe der Spinnerin und des Schäferjungen werden aus Kugeln geformt. Nach dem Härten zeichnet man mit einem weichen Bleistift die Gesichter vor.

Anschließend malt man sie mit einem dünnen Marderhaarpinsel und Acrylfarben aus.

Für die Haare wird Braun mit etwas Schwarz verknetet. Werden die Haare aus einer zusammenhängenden Fläche, ähnlich einer Perücke, aufgesetzt, so strukturiert man diese mit einem Holzstäbchen. Man kann aber auch kleinste Würstchen rollen und diese zu Zöpfen verflechten oder zur Schnecke als Dutt aufrollen. Beim schlafenden Jungen verdeckt ein Hut Haare und Gesicht. Der Hut besteht aus einer flachgerollten Kugel, auf die eine Halbkugel gesetzt wird.

Die Hände der Figuren formt man aus flachgedrückten, hinten spitz zulaufenden Tropfen. Die Finger nur andeuten, indem man die abgerundete Kante leicht mit dem Farbenmesser einschneidet.

Der kleine Schäfer hält in seinem zweiten Arm ein Schaf, so daß lediglich die Hand angedeutet werden sollte.

Die Technik des Baummodellierens ist bereits auf Seite 6/7 beschrieben. Die Frühlingsblüten werden aus fünf flachgedrückten Kügelchen zusammengesetzt.

Das Spinnrad der Spinnerin wird aus Terracotta und Beige marmoriert verknetet, geformt und auf die Grundplatte gelegt. In den Korb plaziert man als Stricknadeln zwei Stecknadeln.

Die Schafe des letzten Bildes haben einen flachgedrückten ovalen Unterbau. Auf diesen werden kleine Kügelchen gesetzt, die man mit einem Stäbchen strukturiert.

Schlafender Junge

Spinnerin

Junge mit Schafen

Elfenkind

Jahreszeitenbaum

Regenbogen

Weinrebe

Häusliche Motive

„Am Kamin" ist ein Vorschlag für Fortgeschrittene, da sehr viel Detailarbeit notwendig ist. Hinzu kommt, daß alle Farbnuancen nur durch Verkneten der Grundfarbe erzielt werden können.

Die Kannen und Teller auf dem Sims werden gesondert modelliert, bronziert, gehärtet und später aufgeklebt. Die Steine entstehen durch Marmorierung von Ocker, Caramel und Terracotta. Ebenfalls marmoriert werden das Feuer und die Haare des Dichters. Erleichtern Sie sich das Formen der Fransen des Teppichs, indem Sie sie mit einem Messer einschneiden.

Das Motiv „Küche" ist auf eine Korkplatte gearbeitet. Man wickelt sie vor dem Modellieren in Alufolie und legt anschließend die einzelnen modellierten Motive darauf. Ist die Komposition fertig, nimmt man die Alufolie mit den Objekten ab und legt sie zum Härten auf ein Backblech. Nach dem Härten werden die Teile mit Technikol auf die Korkplatte geklebt.

Das Feierabendmotiv erfordert viel Mühe und Geduld. Insbesondere der Hintergrund, der wie eine Tapete wirkt, muß sorgsam geknetet werden. Damit die Tischdecke plastisch hervorsteht, bekommt sie als Unterbau eine abgeflachte Kugel. Für die Stricknadeln kann man zwei kleine Stückchen dünnen Silberdraht verwenden.

Am Kamin

Küche

Feierabend

Den Hintergrund dieser beiden Bilder habe ich mit Pastellkreide gemalt und die Teile aufgeklebt.

Aus Fimo werden nur die faltenreiche Kleidung der Kirchgängerin und das schneebedeckte Tannenbäumchen im Vordergrund modelliert.

Stilleben

Die Blumenkanne modelliert man aus Schwarz und behandelt sie nach dem Härten mit Silber-Wischmetall. Damit sich der Rosenstrauß plastisch vom Hintergrund abhebt, benötigt er einen Unterbau. Das herablaufende Wachs an der Kerze besteht aus leicht strukturierten dünnen Würstchen und Tropfen.

Fertigen von Wandtellern

Das Modellieren auf Tellern ist sehr einfach. Die Teller werden in Alufolie gewickelt, damit sie vor der Hitze etwas geschützt sind. Auf die Folie wird das Motiv modelliert und mit dem Teller in den Backofen geschoben. Nach dem Erkalten entfernt man die Folie von Motiv und Teller.

Das Motiv wird anschließend mit Sekundenkleber auf dem Teller befestigt. Wandteller erhalten noch einen speziellen Aufhänger auf der Rückseite, der ebenfalls angeklebt wird.

Der Zinnteller wurde mit Äpfeln, Trauben, Pflaumen, Himbeeren, Brombeeren und Kirschen verziert. Die Trauben bekommen ihre Farbe durch das Vermischen von etwas Grün mit viel Porzellan. Pflaumen und Brombeeren bestehen aus viel Dunkelblau mit etwas Schwarz und Rot. Mit einem dünnen Strohhalm, der leicht in die Kugeln eingestochen wird, entsteht die Struktur der Beeren.

Das Mädchen führt das Schaf an einer eingearbeiteten feingliedrigen Kette spazieren. Den Baum wie beschrieben modellieren und die Zwischenräume der Äste mit Grün auffüllen.

Einen „Blütenteller" kann man mit mannigfaltigen Blüten verzieren. Anregungen hierzu findet man in vielen Zeitschriften und Büchern. Haben Sie einen hochglänzenden Teller als Untergrund gewählt, so rate ich, die Blüten zum Schluß mit Klarlack zu lackieren.

Zinnteller

Spaziergang

Blütenteller

21

Schäfer

Landhaus

22

Pilze

Stilleben

23

Mit Spiegeln gestalten

Auch Spiegel können als Gestaltungselement in die Arbeiten aus Fimo mit einbezogen werden. Die Motive können direkt auf das Spiegelglas gesetzt werden. Sie haften ohne Kleber. Beachten Sie, daß Spiegel nach dem Härteprozeß im Backofen abkühlen müssen.

Für den Rahmen des Goldspiegels wurde eine dicke Rolle geformt und in angedeuteten leichten Bögen um die Spiegelkante gelegt. Nachdem der Rahmen mit einer Zahnbürste aufgerauht worden ist, setzt man die Ornamente auf.

Die Farben für den Tiffanyspiegel erzielt man durch die Beimischung des Farbtons Porzellan.

Der Antikspiegel besteht aus schwarzer Modelliermasse, die nach dem Härten mit Wischmetall bearbeitet wird, damit sie ihr antikes Aussehen erhält.

Goldspiegel

24

Tiffanyspiegel

Antikspiegel

25

Schmuck und Zubehör

Mit etwas Phantasie kann man die schönsten Schmuckstücke zum Verschenken und auch für sich persönlich herstellen.

In Verbindung mit Perlen, Glasjuwelen, Straß, Perlenkappen, Muscheln, Ketten, Broschenschalen und Kettenanhängern entsteht etwas Passendes für jedes Kleidungsstück.

Für frei modellierte Kettenanhänger biegt man eine Öse aus Silber- oder Messingdraht und bettet sie in die Modelliermasse ein. Dünne Ketten kann man auch direkt in das Schmuckstück mit einbeziehen.

Auf die Rückseite der frei modellierten Broschen (ohne Broschenschalen) wird nach dem Härten mit einem guten Sekundenkleber eine Broschennadel geklebt. Verzierungen bestehen aus Blüten, Blättern, Ranken, Kringeln, Kugeln, Tropfen und eingeritzten Modelliermassestückchen.

Gürtelschnallen werden wie frei modellierte Broschen gearbeitet. Auf der Rückseite erhalten sie einen mit Zweikomponentenkleber befestigten Steg, in den man die Ösen eines Elastic-Gürtels einhängt.

Arbeiten auf dem Broschenrohling

1 Auf den Broschenrohling wird das auf der Arbeitsfläche gleichmäßig ausgerollte Fimo aufgebracht.

2 Mit dem Broschenring „umschließt" man die Platte.

3 Anschließend werden die Ornamente und die Schmucksteine plaziert.

4 Das Bronzepulver wird mit einem weichen Pinsel aufgetragen.

5 Die fertige Brosche, die jedoch noch gehärtet und anschließend lackiert werden muß.

Verschiedene Accessoires

Ketten

Broschen

Gürtelschnallen